Made in the USA
Columbia, SC
09 November 2020

24214377R00057